Louis Le LASSEUR

Les Bonnes Hôtesses

ec préface de Maurice BARRÈS de l'Académie Française

Prix : 0 fr. 60

LIVE et Cie, Éditeurs, 15, rue Racine, Paris

Les Bonnes Hôtesses

Louis Le LASSEUR

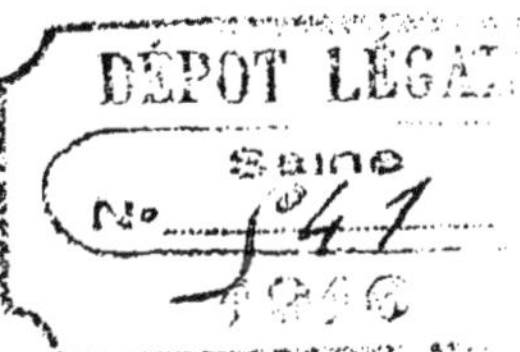

Les Bonnes Hôtesses

AVEC PRÉFACE

DE

MAURICE BARRÈS

de l'Académie Francaise.

Au Baron d'Orgeval
Directeur de la cantine de la Croix-Rouge
(Gare du Nord)

Très cordial hommage

PARIS
JOUVE & Cie, ÉDITEURS
15, RUE RACINE, VIe

1916

UNE DAME DE LA CROIX-ROUGE

UN SOLDAT. Tenue de campagne.

Impromptu. Représenté à la cantine de la Croix-Rouge. Gare du Nord.

LA DAME........ Mlle JEANINE ZORELLI

LE SOLDAT....... M. JEAN SARMENT

PRÉFACE

Si l'envahisseur barbare détruit les chefs-d'œuvre de Reims et de nos églises rurales, ce qui les inspira ne s'est pas épuisé. Sous le sein des femmes de France subsistent un pur trésor de pitié et cette âme même que nos aïeux avaient appelée et placée dans la pierre des cathédrales.

Nous étions devenus des aveugles, mais la plus vieille beauté française s'élance de l'ombre et nous apparaît et les grandes heures de la bataille, cloches d'alarme, cloches de victoire, nous ont ranimés, nous ont ramenés à la nature vivante, à la vérité du fond de notre race.

Lisez ce que les mères françaises écrivent à leurs fils. Non pas une, mais toutes, chacune à sa manière... Quelles paroles jaillies de tout l'être ! Quelle dignité dans l'expression. C'est ainsi que nous parle, au portail des églises, la dame des cieux, la dame du ciel de France. C'est le langage enseigné, depuis dès siècles, aux femmes de chez nous, langage parfait de modestie et de mesure dans la passion, langage des chefs-d'œuvre classiques.

Le cœur des femmes de France n'est pas cet instinct, cette ingénuité des premières heures du monde, voisine encore de l'innocence animale ; c'est une pensée brûlante, épurée, issue de la plus savante civilisation,dont elle dépouille les parties matérielles pour être tout amour et raison. Il fut formé, de génération en génération, dans les chapelles profondes de nos églises, auprès du sépulcre ; il se conforte et se revivifie, aujourd'hui, dans le fourgon du train des blessés, auprès du lit des ambulances, et, porté par deux ailes de patriotisme et de charité,il vole en gémissant au-dessus de nos soldats, sur le champ de bataille. Mais que dis-je ? En gémissant ? Non pas...Les cœurs des femmes françaises, comme un vol d'oiseaux divins, accourent à l'armée pour admirer et assister d'amour les sauveurs de la patrie.

Chez les soldats de cette guerre, les cordes de l'honneur et de la volonté viennent d'être touchées d'une telle manière qu'elles ne s'arrêteront plus de vibrer et donneront le ton à la France.

Tout n'est pas couché dans le glorieux petit cimetière du front. Le héros de *Debout les morts* me peignait, en termes inoubliables de vérité, la force et la magnificence des sentiments nés sur un champ de bataille. « A deux êtres qui ont ensemble coudoyé la mort, me disait-il, qui ont risqué leur vie l'un pour l'autre, il semble que leurs deux existences s'entremêlent désormais,s'unissent, se confondent à ne plus pouvoir se séparer l'une de l'autre. »

Tous les Français sont unis, et même les ennemis des croyances se sont soudain reconnus fils de ceux qui, le long des siècles, ont prié dans les vieilles maisons de prières. Nous reprenons le sentiment de notre unité. Toutes les épaules des hommes se touchent dans la tranchée ; tous les cœurs des femmes s'accordent.

MAURICE BARRÈS

Les Bonnes Hôtesses

Le soldat entre, hésite, regarde autour de lui, cherchant à qui s'adresser. La dame l'aperçoit et l'aborde. Le soldat salue militairement.

LA DAME

Mon ami, vous cherchez la cantine, je crois ?

LE SOLDAT

La Croix-Rouge... C'est bien ici ?

LA DAME

Voyez ma croix.

LE SOLDAT

Il paraît qu'on reçoit les soldats de passage ?

LA DAME

Oui, vous y trouverez bon gîte et bon visage.
Venez.

LE SOLDAT

C'est qu'il n'est pas bien lourd mon boursicaut.
Je ne pourrais payer qu'un très modeste écot.

LA DAME

Ne vous tracassez pas ; la Croix-Rouge vous offre

Les sous qu'ont mis pour vous les passants dans son coffre
Et le service est fait par nous gratuitement.

(*Elle l'aide à déposer son fourbi.*)

Là... débarrassez-vous de votre équipement.
Le sac... le ceinturon... le casque... la musette.
Mettez-vous à votre aise.

LE SOLDAT

On nous soigne... mazette !

LA DAME

Asseyez-vous.

LE SOLDAT, *s'asseyant.*

Merci... Je ne suis pas bien las.

LA DAME

Vous avez faim ?

LE SOLDAT

Ça, oui.

LA DAME, *servant.*

Faites honneur aux plats.
Ici, quand on a faim, on peut se mettre à table.

LE SOLDAT, *attablé.*

Au front, c'est tout de même un peu moins confortable.

LA DAME

Vous êtes tous chez vous ici, mes petits gas ;
Nous sommes les mamans de ceux qui n'en ont pas.

Aux autres nous tâchons, par quelques gâteries,
D'adoucir le regret des absentes chéries,
Notre cuisine est-elle à votre goût ?

LE SOLDAT

Plutôt.

Pourtant, au bataillon, nous avons un cuistot...
Dans le civil, un grand artiste culinaire.
N'importe ! Je préfère au sien votre ordinaire.

(*Elle enlève le plat et en dépose un autre.*)

Oh ! madame, je suis confus.

LA DAME

Confus !... de quoi ?

LE SOLDAT

Servi... par vous !

LA DAME

Mais c'est un grand honneur pour moi.
Le plus beau des métiers, sous une humble apparence,
N'est-il pas de servir ceux qui servent la France !
Héberger nos soldats, leur faire un peu de bien,
Auprès de ce qu'ils font pour nous, mais ce n'est rien !
Et puis, tenez, si j'ai tant de cœur à l'ouvrage,
C'est, qu'au front, j'ai mon fils, à peu près de votre âge.
S'il réclame à son tour assistance demain,
Que Dieu mette une mère aussi sur son chemin.

(*Elle sert.*)

LE SOLDAT

Mais c'est un balthazar que vous m'offrez... potage,
Rôti..., légumes..., vin..., fromage.

LA DAME

Davantage.
La Croix-Rouge, estimant le menu trop frugal,
Veut ajouter un peu de dessert au régal

LE SOLDAT

Du dessert !

LA DAME

Confiture..., orange..., cigarette...

(*Elle lui donne du feu.*)

LE SOLDAT

Café ! — C'est en enfants gâtés que l'on nous traite.

LA DAME

Mais c'est vous qui gâtez la France, chers enfants,
En lui rendant l'espoir des grands jours triomphants.

LE SOLDAT

Cet ordinaire-là vaut quand même *le singe.*

LA DAME

Ce n'est pas tout ; on peut encor changer de linge,
Lire, écrire, au besoin recevoir son courrier...
Ce cadre que voilà tient l'emploi de fourrier.

LE SOLDAT

Tout pour rien ?

LA DAME

On dit : *j'offre* ici ; rien ne s'achète.
Quand vous aurez sommeil, voici votre couchette.

LE SOLDAT

Le paradis terrestre alors...

LA DAME

Pas tout à fait.

LE SOLDAT

Moins le serpent.

LA DAME

Enfin, vous êtes satisfait ?

LE SOLDAT

Je m'en irai, le cœur plein de reconnaissance.

LA DAME

Vous retournez au front ?

LE SOLDAT

Après trois mois d'absence.
Sorti de l'hôpital hier, frais débarqué
Dans Paris, je faisais les cent pas sur le quai,
Ne sachant où trouver le gîte et la pâture ;
J'allais me mettre en quête au diable, à l'aventure,
Quand un brave employé, voyant mon embarras,
Me dit : entre là, vieux, on est bien,... tu verras...
J'hésitais... il me pousse... une hôtesse empressée
M'accueille, devinant dans mes yeux ma pensée.
Tout ce qui réconforte un homme dans mon cas
On me l'offre, apporté par des doigts délicats ;
Je goûte le plaisir exquis d'avoir mes aises,
Servi, choyé, gâté par des femmes françaises...
Des femmes... ! non, plutôt des anges de bonté.

LA DAME

Qu'étiez-vous, quand l'appel aux armes fut jeté ?

LE SOLDAT

Un modeste ouvrier.

LA DAME

Mais encor ?

LE SOLDAT

Ce n'est guère
Intéressant pour vous... une histoire vulgaire.

LA DAME

Détrompez-vous... ; ce sont mes enfants que je sers ;
Frères d'armes d'un fils chéri, tous me sont chers.

LE SOLDAT

Eh bien ! je travaillais dans une usine, à Lille,
Quand la guerre éclata... Je pars, laissant en ville
Ma mère et mes deux sœurs. Rien d'elles depuis lors.
Je ne sais si les miens sont vivants ou sont morts.
La tranchée où je vais est mon seul domicile.

LA DAME

Vous hésitiez pourtant au seuil de cet asile.

LE SOLDAT, *un peu gêné.*

Oui... j'hésitais.

LA DAME

Pourquoi ?

LE SOLDAT

Parce qu'en me montrant
La Croix-Rouge, qu'on voit sur la porte en entrant,
L'employé m'avait dit : mon vieux, vas-y sans faute,
Tu seras soigné là par des gens de la haute.

LA DAME

Vous craigniez d'être mal servi ?

LE SOLDAT

J'étais... surpris.
Ça démolissait tout ce que j'avais appris
Dans les milieux où j'ai vécu depuis l'enfance.
C'est contre vous qu'on m'a toujours mis en défense,
Les ennemis, les vrais pour moi, c'était les gens
D'une autre classe, ceux qu'on nomme dirigeants,
Qui se croient, paraît-il, pétris d'une autre argile,
Karl Marx et sa doctrine était mon évangile
Et j'attendais, avec un espoir convaincu,
L'heure prochaine où, sur le capital vaincu,
Tous les peuples, dans une embrassade finale,
S'uniraient en chantant *l'Internationale*.
Vous comprenez, avec cette croyance-là,
Si je fus épaté, quand l'autre me parla
D'aller chercher abri chez des gens de la haute.

LA DAME

Vous le voyez, ceux dont ici vous êtes l'hôte,
Sont heureux de vous être utiles, de pouvoir
Accomplir envers vous le fraternel devoir.
Cela ne pouvait pas entrer dans la caboche
De Karl Marx, parce que Karl Marx était un Boche,

A cette heure, les gens de la haute..., c'est vous,
Vous qui couchez par terre et vivez dans des trous,
Unis jusqu'à la mort dans une œuvre idéale.
Vous avez résolu l'entente sociale
Mieux que tous les Karl Marx d'Allemagne ou d'ailleurs.
Tous, de ces jours mauvais, nous sortirons meilleurs,
Instruits par le péril commun, par la souffrance,
A nous joindre les mains, dans les mains de la France.

LE SOLDAT

Cette union sera votre œuvre, je le crois.
Tenez, dans la tranchée, où j'ai vécu dix mois,
J'avais un camarade, un ami, presque un frère,
Au début, nous étions toujours d'avis contraire;
Lui, voyait blanc, moi rouge, et pour cause. Enfin, quoi !
Lui, c'était un monsieur, un prolétaire, moi.
Malgré ça, l'un à l'autre on était sympathique,
On cherchait à s'entendre en causant politique
Et souvent même on y parvenait. Je ne sais
S'il rougissait ou si c'est moi qui blanchissais,
Mais à force d'y mettre un peu chacun du nôtre,
Nous finissions par voir de même l'un et l'autre,
Chacun de nous tâchant de tourner tout au bleu ;
Si bien, qu'ayant joué dix mois ce petit jeu,
Nous voyions tous les deux tricolore.

LA DAME

Aux tranchées,
Les cœurs se sont compris, les âmes rapprochées,
Là, chaque homme ne vaut que sa propre valeur,
Votre sang et le nôtre ont la même couleur,

LE SOLDAT

Pour sûr que les obus n'ont pas de préférence.

LA DAME

Vous êtes tous, devant le front, des fils de France.
Cet ami ?

LE SOLDAT

Loin de lui, les jours m'ont semblé longs.
Trois mois..! on se fait vieux, mais enfin, nous allons
Nous rejoindre ; il m'attend là-bas, dans la tranchée,
Qu'il n'a pas, lui, depuis quatorze mois, lâchée.

LA DAME

Vous receviez de ses nouvelles ?

LE SOLDAT

Dieu merci ;
Chaque semaine, au moins une lettre ; voici
La dernière..., tenez, lisez.

LA DAME

Cette écriture ?

LE SOLDAT

Oui, la sienne.

LA DAME

Ce nom... Robert ?

LE SOLDAT

Sa signature.

LA DAME

Lui !

LE SOLDAT

Vous le connaissez ?

LA DAME

Quoi ! mon Robert serait...

LE SOLDAT

Mon ami fraternel... voyez,.. j'ai son portrait...

LA DAME, *baisant le portrait.*

Mon fils chéri !

LE SOLDAT

Robert... votre fils !

LA DAME

Et vous... Pierre !

LE SOLDAT

Il vous a dit...

LA DAME

Le nom de l'ami qu'il préfère,
De celui qu'évoquaient ses lettres si souvent,
De l'homme auquel il doit d'être encore vivant.

LE SOLDAT

Vous a-t-il dit aussi qu'à l'assaut de Lorette,
Lorsque je fus laissé pour mort près de la crête,
Quelqu'un, jusqu'au barrage allemand, se glissa,
Me chargea sur son dos...

LA DAME

Il ne m'a pas dit ça.

LE SOLDAT

Et sous un ouragan de fer, sans défaillance,
Me ramena jusqu'à la prochaine ambulance.

LA DAME

Il ne m'a pas dit ça.

LE SOLDAT

Sa croix d'honneur, il l'a
Conquise en m'arrachant à la mort ce jour-là.

LA DAME

Brave enfant..., il ne m'a pas dit ça.

LE SOLDAT

Mais l'affaire,
Le combat..., il a dû, ce récit, vous le faire ?
C'est le plus rude assaut peut-être qu'on ait eu.

LA DAME

Il écrit qu'à Lorette on a bien combattu,
Que Pierre, son ami, se conduisit en brave,
Qu'il est blessé, qu'on craint la blessure assez grave.

LE SOLDAT

Et lui ?

LA DAME

Lui ?... Qu'il se porte à merveille au grand air.

LE SOLDAT

Pouvoir se dire ami d'un tel homme..., on est fier.

LA DAME

Quand partez-vous?

LE SOLDAT, *allant prendre son ceinturon.*

Ce soir ; je retourne en Champagne.

LA DAME, *glissant des objets dans sa musette.*

L'hiver s'annonce rude et dure la campagne.

LE SOLDAT

Oh ! nous tiendrons, n'ayez pas peur.

(*Il se retourne brusquement*).

Mais, s'il vous plaît,

Que faites-vous ?

LA DAME

Je mets l'ordonnance au complet.

LE SOLDAT

Du chocolat, des gants de laine, une flanelle...
Du tabac...

LA DAME

Ma petite offrande personnelle.

LE SOLDAT, *allant prendre son casque.*

Mais, madame, c'est trop, vous me comblez. Voici

L'heure venue... adieu, madame, et grand merci ;
Merci surtout du noble exemple que j'emporte.

LA DAME

Quand vous aurez franchi le seuil de cette porte,
En retrouvant là-bas vos frères sur le front,
Vous leur direz que ceux d'entre vous qui mourront
Peuvent partir avec l'infaillible assurance
D'avoir refait plus belle et plus grande la France ;
Vous leur direz qu'ils font la trêve des partis,
Qu'il n'est plus, derrière eux, de grands ni de petits,
Qu'il n'existe à présent que des Français en France.

LE SOLDAT

Que j'ai vu, de mes yeux, — sans plus de différence
Qu'au fond de la tranchée, en face des canons, —
Des dames de Paris, porteuses de grands noms,
Servant des ouvriers et leur versant à boire,
S'intéressant à leur famille, à leur histoire.

LA DAME

Oui, dites-leur cela ; dites-leur bien aussi
Notre admiration profonde, quel souci
Nous causent leurs dangers, quel tourment leur souffrance ;
Comme nous attendons le jour de délivrance,
Glorieuses, quand ils nous reviendront vainqueurs,
De les serrer, ces chers petits gars, sur nos cœurs,

LE SOLDAT

Ah ! madame, des mots pareils, ça ravitaille...
Je retourne, le cœur en fête, à la bataille.

Un bon gîte, de quoi se mettre sous la dent,
Un lit moelleux, ça fait plaisir, c'est évident.
Mais s'entendre applaudir par vous, savoir qu'on scelle
Avec du sang français la paix universelle,
Que les femmes de France ouvrent sur vous les yeux...
C'est ça qui vous exalte et fait qu'on meurt joyeux.
Vous m'avez élargi le cœur ; merci, Madame.
A vous, à ceux dont l'œuvre atteste la grande âme
Je voudrais, pour l'accueil qu'un soldat trouve ici,
Vous témoigner,... mais que puis-je faire?

LA DAME

Ceci :
Demain vous reverrez mon fils dans la tranchée ;
Dites-lui que sur vous sa mère s'est penchée,
Et, serrant fort, bien fort, dans les vôtres, sa main,
Rendez-lui ce baiser maternel.

LE SOLDAT

Dès demain,
Oui, je le lui rendrai, Madame, n'ayez crainte,
Et dans mon amicale et fraternelle étreinte,
Je mettrai tant d'ardeur, d'amour, de dévouement,
Qu'il sentira que c'est un baiser de maman.

LA DAME

Mes chers petits.

LE SOLDAT

Adieu... Foi, courage, espérance !

LA DAME

Oui, j'espère et je crois en vous, enfants de France !

IMP. JOUVE ET Cie, 15 RUE RACINE, PARIS 3003-16

BEAUX-ARTS

BIEZ (Jacques DE). — *E. Frémiet, son œuvre*; préface de Frédéric MASSON, de l'Académie Française, avec le catalogue complet de l'Œuvre de Frémiet. 1 vol. in-8 jésus, orné de 43 planches hors texte.......... 9 fr.

Ouvrage couronné par l'Académie française (Prix Charles Blanc) et honoré d'une souscription des Beaux-Arts.

GRIVEAU (Maurice). — *Pour la défense du paysage français.* Préface de Marcel BOULENGER. 1 vol. in-16, illustré.................. 2 fr.

MARTIN, (William), directeur du Musée Royal de La Haye. — *Gérard Dou, sa vie et son œuvre.* Etude sur la peinture hollandaise et les marchands au XVIIe siècle, traduit du hollandais avec un avant-propos par Louis DIMIER, 1 vol. in-8 avec 16 phototypies hors texte, reliure anglaise.......... 12 fr.

(Il a été tiré de cet ouvrage 30 exemplaires sur papier de Hollande Van Gelder numérotés, l'ex. 30 francs).

RHONÉ (Arthur). — *L'Égypte à Petites Journées, souvenirs du Caire d'autrefois,* 1 vol. in-8 jésus de 488 pages, avec 8 plans et 242 illustrations de Paul Chardin, C. Mauss, A. Dauzats, Ambroise Baudry et Jules Bourgoin, broché. ...... 25 fr.
Relié............. 30 fr.

HISTOIRE

SCHUERMANS (Albert). — *Itinéraire général de Napoléon Ier*, deuxième édition, préface par Henri HOUSSAYE, 1 vol. in-8 de 464 p. 7 fr. 50

Ouvrage couronné par l'Académie Française (prix Thérouanne).

PICARD (Col. L.). — *Les Guerres d'Espagne. Le Prologue. Expédition du Portugal, 1807,* 1 volume in-8e de 354 pages............. 5 fr.

— *Guerres d'Espagne (1808). — De Bayonne à Madrid. La Révolution d'Aranjuez.* 1 vol. in-8° raisin de 300 pages, illustré.............. 5 fr.

RÉGAMEY (Jeanne et Frédéric). — *L'Alsace au lendemain de la conquête. — L'Alsace après 1870.* 1 vol. in-18 de 400 pages. 3 fr. 50

(Ouvrage adopté par le ministère de l'Instruction publique et par la Ville de Paris.)

ROMANS

BERTHEM DE RIGNY. — *Ames de femmes,* contes 1 vol. in-18 broché de 350 pages. 3 fr. 50

BOURGEOIS (Abbé). — *Contes normands pour les jours de fête.* 1 vol. de 344 pages, 3e édition.......... 3 fr.

FUYE (Maurice de la). — *Les Feuilles sur la route.* Histoires de Champagne et de Sologne. 1 vol. in-18 de 300 pages......... 3 fr. 50

DRAULT (Jean). — *Les Contes de l'étape.* 1 vol. in-18 de 212 pages, illustré...... 2 fr.

— *La Conspiration de Quillebœuf,* roman historique. 1 vol. in-8e de 168 pages, illustré.......... 0 fr. 95

HAREL (Paul). — *Hobereaux et villageois. Le Père Cyprien. — La Houppelande de M. le Curé. — Barbey d'Aurevilly. — Le Bécassier. — Au café. — La mort de M. Beaumesnil.* 1 vol. in-18 de 212 pages......... 3 fr.

L'HOPITAL (Joseph). — *La Dame verte.* 1 vol. in-18 de 232 pages.......... 3 fr.

www.ingramcontent.com/pod-product-compliance
Ingram Content Group UK Ltd.
Pitfield, Milton Keynes, MK11 3LW, UK
UKHW020540180726
13839UKWH00006B/2638

9 782329 444369